0

10

zero

noll

ten

tio

20

30

twenty

tjugo

thirty

trettio

40

forty

fyrtio

50

fifty

femtio

60

sixty

sextio

70

seventy

sjuttio

80

eigthy

åttio

90

ninety

nittio

100

one hundred

ett hundra

1000

one thousand

ett tusen

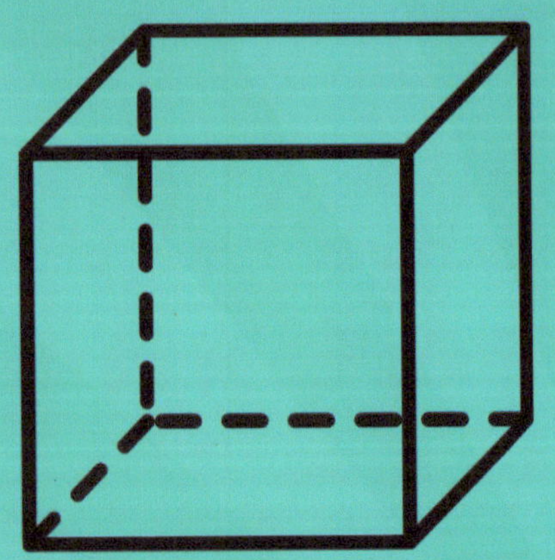

cube

kub

block

block

ice cube

isbit

caramel

karamell

sugar

socker

dice

tärningar

gift box

presentask

cardboard box

kartonglåda

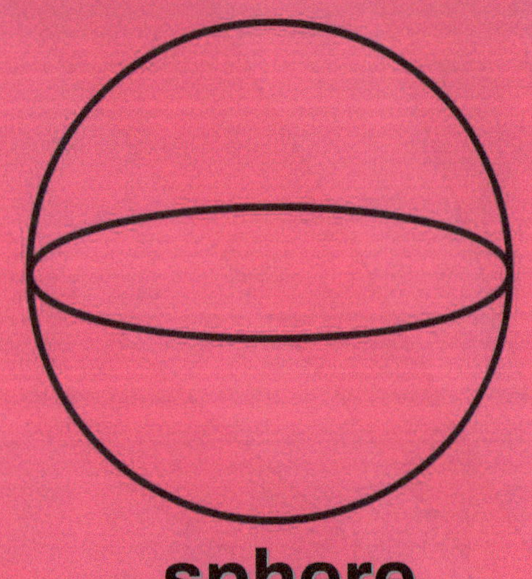

sphere

sfär

ice cream scoop

glasskula

pearl

pärla

bubble

bubbla

marbles

kulor

planet

planet

snowball

snöboll

tennis ball

tennisboll

cylinder

cylinder

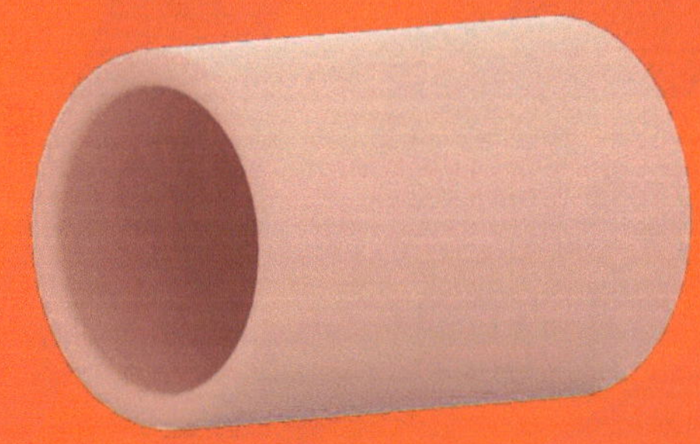

tube

rör

batteries

batterier

thread spool

trådspole

cinnamon

kanel

rolling pin

kavel

sausage

korv

hay bale

höbal

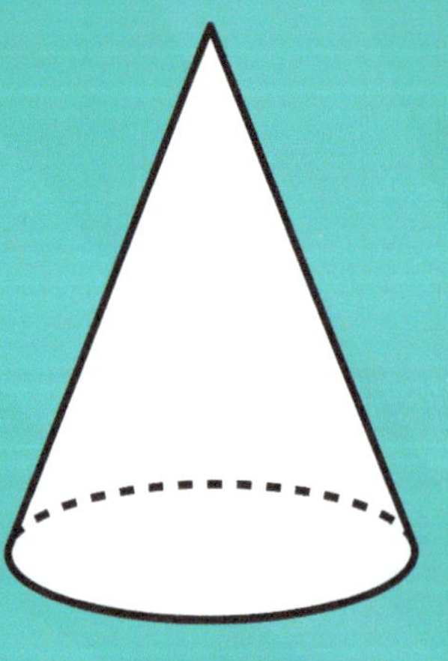

cone

kon

road cone

vägkon

ice cream cone

glasstrut

witch hat

häxhatt

dungeon

fängelsehåla

fir tree

gran

party hat

partyhatt

snail

snigel

blackberry

björnbär

currant

vinbär

clementine

klementin

durian

durian

dragon fruit

drakfrukt

jackfruit

jackfrukt

star fruit

stjärnfrukt

asparagus

sparris

radish

rädisa

red bean

kidneyböna

turnip

rova

cassava

kassava

sweet potato

sötpotatis

chickpeas

kikärtor

eagle

örn

bat

fladdermus

beaver

bäver

flamingo

flamingo

raven

korp

blackbird

koltrast

blue tit

blåmes

magpie

skata

swallow bird

svala

lark

lärka

parakeet

parakit

woodpecker

hackspett

peacock

påfågel

parrot

papegoja

toucan

tukan

stork

stork

coral

korall

sea anemone

havsanemon

sea urchin

sjöborre

seahorse

sjöhäst

clownfish

clownfisk

goldfish

guldfisk

crab

krabba

hermit crab

eremitkräfta

dolphin

delfin

narwhal

narval

octopus

bläckfisk

squid

bläckfisk

whale shark

valhaj

orca

späckhuggare

blue whale

blåval

beluga whale

vitval

hammerhead shark

hammarhaj

white shark

vithaj

lemon shark

citronhaj

tiger shark

tigerhaj

grasshopper

gräshoppa

caterpillar

larv

scorpion

skorpion

lizard

ödla

dinosaurs

dinosaurier

black hair

svart hår

ginger hair

rött hår

brown hair

brunt hår

blond hair

blont hår

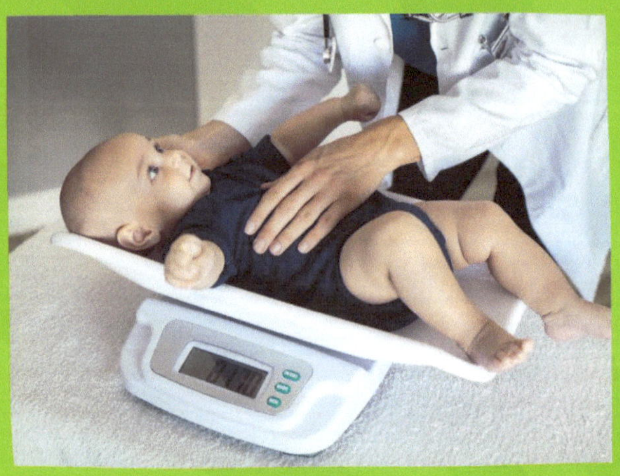

scale

våg

hospital

sjukhus

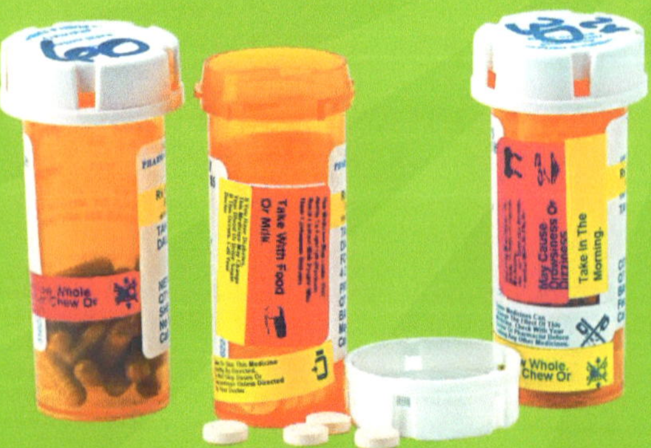

medicine

medicin

thermometer

termometer

bandage

bandage

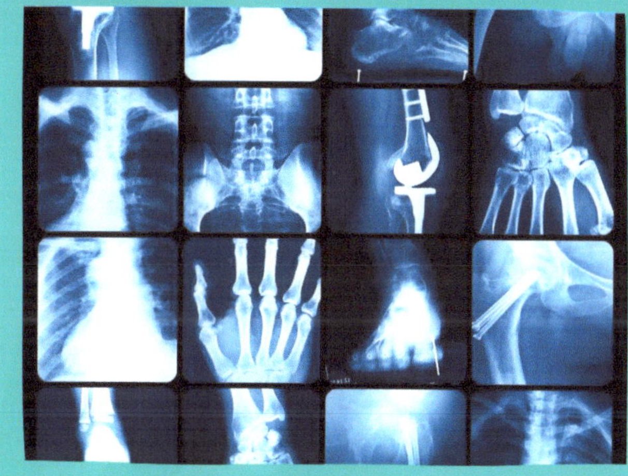

x-ray

röntgen

doctor

läkare

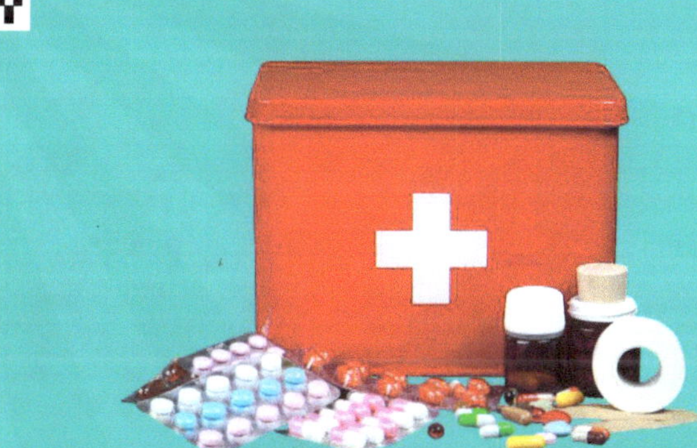

first aid kit

första hjälpen-kit

play

leka

draw

rita

count

räkna

write

skriva

dancing

dans

swimming

simning

skiing

skidåkning

basketball

basketboll

tennis

tennis

ping pong

bordtennis

soccer

fotboll

horse riding

ridning

ice hockey

ishockey

judo

judo

boxing

boxning

running

löpning

baseball

baseboll

cricket

cricket

rugby

rugby

volleyball

volleyboll

maracas

maracas

tambourine

tamburin

xylophone

xylofon

violin

fiol

piano

piano

guitar

gitarr

cello

cello

harp

harpa

drum

trumma

djembe

djembe

drum kit

trumset

trumpet

trumpet

horn

horn

saxophone

saxofon

flute

flöjt

headphone

hörlurar

sing

sjunga

sheet music

noter

microphone

mikrofon